LE PROPHÈTE

Opéra en cinq Actes

PAR

EUGÈNE SCRIBE

MUSIQUE DE

G. MEYERBEER

1924

LIBRAIRIE STOCK

DELAMAIN, BOUTELLEAU ET Cⁱᵉ, PARIS

LE PROPHÈTE

OPÉRA EN CINQ ACTES

Représenté pour la première fois sur le Théâtre de l'Opéra,
le 16 avril 1849.

EUGÈNE SCRIBE

LE PROPHÈTE

OPÉRA EN CINQ ACTES

MUSIQUE DE G. MEYERBEER

1924

LIBRAIRIE STOCK

DELAMAIN, BOUTELLEAU ET Cⁱᵉ, ÉDITEURS — PARIS

155, Rue Saint-Honoré, Place du Théâtre-Français et 7, Rue du Vieux-Colombier.

PERSONNAGES

OBERTHAL (Le Comte d').
JEAN DE LEYDE.
JONAS.
MATHISEN.
ZACHARIE.
BERTHE.
FIDÈS.

Chœur de Paysans, d'Anabaptistes, de Soldats, de Bourgeois
et d'Enfants.

LE PROPHÈTE

ACTE PREMIER

Le théâtre représente les campagnes de la Hollande aux environs de Dordrecht. Au fond on aperçoit la Meuse; à droite un château-fort avec pont-levis et tourelles; à gauche, fermes et moulins dépendant du château. Du même côté, sur le premier plan, des sacs de blé, des tables rustiques, des bancs, etc., etc.

PRÉLUDE ET CHŒUR PASTORAL

Au lever du rideau le théâtre est vide. Un berger arrive et avec son chalumeau donne l'éveil. Un autre berger (censé dans les coulisses) lui répond de loin. Alors les portes des cabanes s'ouvrent, les paysans sortent avec leurs outils, les meuniers avec des sacs de farine sur le dos, etc., etc. La toile se lève.

CHŒUR

La brise est muette,
Le jour est serein !
D'échos en échos

Sonne la clochette
De nos gais troupeaux !

UN PAYSAN SEUL, UNE PAYSANNE SEULE

Trop souvent l'orage
Attriste nos cœurs !
D'un jour sans nuages,
Goûtons les douceurs.

CHŒUR

La brise est muette
Le jour est serein
Le vent qui s'arrête
Arrête le moulin.
Qu'ici pour nous s'apprête
Le repas du matin !

SCÈNE PREMIÈRE

BERTHE

BERTHE, *avec élan.*

Mon cœur s'élance et palpite,
L'espoir remplit ce cœur charmé,
Doux espoir ! au ciel d'avance j'habite,
Je vais revoir mon bien-aimé !

Légers oiseaux, volez vers sa demeure,
Et que vos chants lui disent mon amour.

Du moment où l'orpheline
T'aperçut, faveur divine,
Seul, rêvant sur la colline,
Un regard changea mon sort!.
Aujourd'hui, servant nos flammes,
Vois, la mère de nos âmes
Vient hâter l'heureux accord!

SCÈNE II

BERTHE, FIDÈS, JONAS, ZACHARIE.

BERTHE

Fidès, ma bonne mère, enfin donc, vous voilà!

FIDÈS

Tu m'attendais?

BERTHE

Depuis l'aurore!

FIDÈS

Et Jean, mon fils, attend plus ardemment encore.
Sa fiancée! Allez, bonne mère, amenez-la,
A-t-il dit, et je viens!

BERTHE

Ainsi, moi, pauvre fille
Orpheline et sans biens
Il m'a daigné choisir?

FIDÈS, *babillant avec bonhomie.*

Des filles de Dordrecht Berthe est la plus gentille

Et la plus sage, et je veux vous unir,
  (*S'animant toujours davantage.*)
Et je veux dès demain que Berthe me succède
Dans mon hôtellerie et dans mon beau comptoir,
Le plus beau, vois-tu bien, Bertha, de toute la ville de Leyde !
Partons, hâtons-nous, car mon fils nous attend pour ce soir.

BERTHE

Non pas, vraiment : vassale, je ne puis
  Me marier ni quitter ce pays
    Sans la volonté souveraine
Du comte d'Oberthal, seigneur de ce domaine,
Dont vous voyez d'ici les créneaux redoutés !

FIDÈS

  Auprès de lui, courons !
(*On voit paraitre sur la colline trois homme s
  vêtus de noir, qui s'avancent lentement. Tous
  les paysans s'avancent vers eux et les regarden t
  avec curiosité.*)

FIDÈS, *à Berthe, à voix basse.*

Quels sont ces hommes noirs aux figures sinistres ?

BERTHE, *à voix basse.*

On dit que du Très-Haut ce sont de saints ministres
Qui depuis quelque temps parcourent nos cantons,
Répandant parmi nous leurs doctes oraisons !

JONAS, *s'adressant au peuple.*

Ad nos !

ZACHARIE

Ad nos !

SCÈNE III

Les Mêmes, MATHISEN, PAYSANS.

JONAS, MATHISEN, ZACHARIE, *ensemble, les trois anabaptistes sur la colline, étendent les mains sur le peuple comme pour le bénir.*

Ad nos, ad salutarem undam
Iterum venite, miseri!
Ad nos venite, populi!
(Les trois anabaptistes descendent l'escalier et s'approchent des paysans.)

CHŒUR *de* PAYSANS

Écoutons le ciel qui les inspire !

ZACHARIE, *montant sur une borne pour haranguer le peuple.*

De ces champs fécondés longtemps par vos sueurs,
Voulez-vous être enfin les maîtres et seigneurs?

LES TROIS ANABAPTISTES

Ad nos, ad salutarem undam
Iterum venite, miseri !

JONAS, *prêchant à un autre groupe du peuple.*

Veux-tu que ces châteaux aux tourelles altières
Descendent au niveau des plus humbles chaumières ?

LES TROIS ANABAPTISTES

Ad nos, ad salutarem undam
Iterum venite, miseri !

MATHISEN

Esclaves et vassaux trop longtemps à genoux,
Ce qui fut abaissé s'élève! Levez-vous!

> (*Les paysans commencent à s'émouvoir, et se
> consultent entre eux. Ils engagent un des leurs
> à parler aux prêcheurs. Le paysan ne veut
> pas d'abord, mais ses compagnons le poussent
> en avant.*)

PREMIER PAYSAN, *timidement.*

Ainsi ces beaux châteaux?

JONAS, *avec feu, et* ZACHARIE
Ils vous appartiendront!

DEUXIÈME PAYSAN, *timidement.*

La dîme et la corvée?

JONAS *et* ZACHARIE
Elles disparaîtront!

PREMIER PAYSAN

Et nous serfs et vassaux?

JONAS, ZACHARIE, MATHISEN
Libres en ce séjour!

DEUXIÈME PAYSAN

Et nos anciens seigneurs?

JONAS, ZACHARIE, MATHISEN
Esclaves à leur tour!

ENSEMBLE

LE CHŒUR, *entre eux, se consultant.*

Ils ont raison, écoutez-les!
Ils disent vrai: Dieu parle ainsi.
Nous les suivrons! Et nous aussi!
Point de retard! point de merci!

Vous êtes forts, puissants, venez !
Vous êtes grands !
Ces oppresseurs,
Ces vils tyrans,
Cruels seigneurs !
Ah ! vengeons-nous,
Qu'ils meurent tous !
Ah ! levons-nous !
Malheur à qui nous combattrait,
Son supplice est tout prêt,
Dieu signe l'arrêt !

LES TROIS ANABAPTISTES, *parcourent les différents groupes de paysans pour les exciter.*

Ad nos ! ad salutarem undam
Iterum venite !

(Les paysans courent au fond du théâtre où sont déposées les fourches à faner, les faux et les pioches ; ils les brandissent, s'alignent et marchent en ordre militaire, en promenant les trois anabaptistes en triomphe.)

JONAS, MATHISEN ZACHARIE, *avec enthousiasme.*

O roi des cieux, c'est ta victoire,
Dieu des combats, veille sur nous !
Les nations verront ta gloire,
Ta sainte loi luira pour tous !

Suivez-nous, amis, Dieu le veut, c'est le grand jour.
Que la liberté soit notre amour
Et du monde entier, son drapeau fera le tour.

LE CHŒUR

O roi des cieux, c'est ta victoire,
Dieu des combats, veille sur nous !

Les nations verront ta gloire,
Ta sainte loi luira pour tous !

Suivons-les, amis, Dieu le veut, c'est le grand jour.
Que la liberté soit notre amour
Et du monde entier, son drapeau fera le tour.

Aux armes ! Liberté, ah ! viens nous secourir !
Nous t'invoquons,
Pour ton saint nom
Vaincre ou mourir !

JONAS, ZACHARIE, MATHISEN
Aux armes ! Ad nos venite, populi.

SCÈNE IV

Les Mèmes, LE COMTE D'OBERTHAL, SEIGNEURS *et*
GARDES. *Le comte d'Oberthal descend du château suivi de
seigneurs et de gardes. A son aspect, les paysans reculent
effrayés.*

BERTHE

Le comte d'Oberthal, le seigneur châtelain !

OBERTHAL

De quels cris menaçants ces visages si tristes
Troublent-ils dans nos murs la gaîté du festin ?
(*Rappelant ses souvenirs.*)
Ceux-là ne sont-ils pas de ces Anabaptistes,
Ces fougueux puritains, ces ennuyeux prêcheurs,
Semant partout, dit-on, leurs dogmes imposteurs ?

JONAS, MATHISEN, ZACHARIE
Malheur, noble seigneur,
A celui dont les yeux ne s'ouvrent qu'à l'erreur !
OBERTHAL
Eh ! mais vraiment, je crois le reconnaître :
Oui, c'est maître Jonas, mon ancien sommelier ;
Il me volait mon vin dont il se disait maître !
(*Aux soldats.*)
Que le fourreau du sabre aide à le châtier !
Soldats, qu'on le chasse, éloignez sa figure infernale !
(*Les soldats emmènent les trois anabaptistes.*)

SCÈNE V

OBERTHAL, *apercevant Berthe.*
Ah ! celle-ci vaut mieux ! Que veux-tu, ma vassale ?
Avance et parle sans frayeur !
BERTHE, *à part.*
Ma mère ! hélas ! j'ai bien peur !
FIDÈS, *rassurant Berthe.*
Sois sans crainte, je suis là, pour te donner du cœur !
Ensemble.

BERTHE
Un jour dans les flots de la Meuse
J'allais périr, Jean me sauva !
FIDÈS, *faisant la révérence au seigneur.*
Jean la sauva !

BERTHE
Orpheline et bien malheureuse,
Depuis ce jour Jean me protégea !

FIDÈS, *faisant la révérence.*
Jean la protégea !

BERTHE
Je connais votre droit suprême,
Mais Jean m'aime de tout son cœur.
Ah mon seigneur, mon doux seigneur,
Permettez-moi d'être sa femme.

FIDÈS
Mais Jean l'aime de tout son cœur.
Ah mon seigneur, mon doux seigneur,
Permettez-lui d'être sa femme.

BERTHE
Moi vassale en votre domaine,
Je suis hélas ! sans or, ni bien,
    Tous le savent bien !
  FIDÈS, *faisant la révérence au seigneur.*
    Tous le savent bien !

BERTHE
Et Jean que son amour entraîne
Veut m'épouser, moi qui n'ai rien,
    Moi qui n'ai rien !
        FIDÈS, *faisant la révérence.*
    Elle qui n'a rien !

BERTHE
Voici sa mère qui réclame
Pour son fils ma main et mon cœur.
Je l'aime tant, ah ! mon seigneur,
Permettez-moi d'être sa femme.

FIDÈS
Elle l'aime tant, ah ! mon seigneur,
Permettez-lui d'être sa femme.

OBERTHAL
Eh quoi ! tant de candeur,

D'attraits et d'innocence seraient perdus pour nous
Et quitteraient ces lieux! Non, non, non, je refuse!

BERTHE, FIDÈS *et le* CHŒUR

Ah! quel malheur!
O nouvelle infamie,
O nouvelles alarmes!
Faut-il hélas!
Se soumettre
A ce sceptre
D'airain?

OBERTHAL

Je l'ai dit, je le veux, moi, seigneur châtelain!
Cédez tous! ou sinon... soldats!

(*Sur un signe d'Oberthal les soldats s'avancent
avec leurs hallebardes contre le peuple qui
recule effrayé. Des gardes s'emparent de Berthe
et de Fidès et les emmènent au château d'Oberthal qui les suit.*)

LE CHŒUR

Fuyons!

LES ANABAPTISTES, *dans les coulisses.*

Ad nos, ad salutarem undam

(*Le peuple entendant le chant des anabaptistes
court au devant d'eux. Les trois anabaptistes
reparaissent sur les marches de l'escalier du
château, étendant leurs mains sur le peuple qui
s'agenouille devant eux et menacent du geste et
du regard le château d'Oberthal.*)

Iterum venite, miseri!

(*La scène change à vue.*)

ACTE II

L'auberge de Jean et de sa mère dans les faubourgs de la ville
de Leyde. On entend au dehors un air de valse. Jean entre, tenant
des brocs qu'il pose sur une table et va ouvrir les portes du fond.
On aperçoit devant ces portes des paysans et des paysannes qui
s'amusent à valser, et qui toujours en valsant entrent dans l'intérieur de la taverne. Plusieurs se mettent à des tables, boivent
et chantent pendant que d'autres continuent à valser.

SCÈNE PREMIÈRE

JEAN, JONAS, MATHISEN, ZACHARIE, UN SOLDAT,
UN PAYSAN, LE PEUPLE

LE CHŒUR

Valsons toujours,
Oui, la valse a mes amours ;
Valsons, chantons, chers amis !
Vive, vive, vive Jean !

UN SOLDAT

Allons, pour les danseurs
Apportez de la bière !
Verse, ami Jean...

JONAS, *bas aux deux autres anabaptistes.*
Silence !

UN SOLDAT

Ici, la vie est douce
Pour les Seigneurs
Et les soldats !
Tra la la la...

LE CHŒUR

Jean, ici, de la bière !
Ici, le tavernier,
Je crois qu'il nous oublie !

JEAN, *à part.*

Le jour baisse et ma mère
Bientôt sera de retour
Avec ma fiancée, ma Berthe, mon amour.

UN PAYSAN, *seul.*

Jean ! de la bière !

JONAS, *regardant Jean.*

O ciel !

ZACHARIE

Qu'as-tu donc ?

JONAS, *à voix basse.*

Regarde ce jeune homme !

ZACHARIE, *de même.*

En effet...

MATHISEN, *de même.*

Oui, ces traits... et cet air...

ZACHARIE

La ressemblance est inouïe !

JONAS

Et devant moi vivant j'ai cru voir à son air
David, le roi David, qu'on adore à Munster !

MATHISEN

Ce tableau qu'on admire en notre Westphalie
Et qui fait tous les jours des miracles !

JONAS

Silence!

(*La danse recommence.*)

LE CHŒUR

Allons, verse, viens ici!

UN SOLDAT

Jean!

UN PAYSAN, *seul.*

Jean!

JONAS, *à un paysan.*

Ami! quel est cet homme?

UN PAYSAN

Jean,

Le maître du logis!
Son cœur est excellent
Et son bras est terrible!

JONAS

Tête ardente?

UN PAYSAN

Oui vraiment!

JONAS

Il est brave?

UN PAYSAN

Et dévot :
Il sait par cœur toute la Bible!

ZACHARIE, *à part à ses compagnons.*

Chers amis, n'est-ce pas là l'apôtre qu'il nous faut?

MATHISEN

Celui qu'à nous aider appelle le Très-Haut!

JEAN

La nuit couvre la terre
Et le repos est doux :

J'attends Berthe et ma mère
Allez, amis, retirez-vous !

LE CHŒUR

Partons, il songe à sa belle.
Le ciel est noir.
Bonsoir ! Bonsoir !

SCÈNE II

JEAN, JONAS, MATHISEN, ZACHARIE.

ZACHARIE, *à Jean.*

Ami, quel nuage obscurcit ta pensée ?

JEAN

J'attends ma mère avec ma fiancée,
Leur retard m'inquiète ; déjà l'autre nuit
Un sinistre présage a troublé mon esprit !

MATHISEN

Qu'est-ce donc ? parle, ami !

JEAN

Qu'ici votre science
Éclaire par pitié ma faible intelligence,
Sur mille objets bizarres et confus
Et que deux fois en dormant j'ai revus.
Sous les vastes arceaux d'un temple magnifique
J'étais debout, le peuple à mes pieds prosterné
Et du bandeau royal mon front était orné,
Et pendant qu'ils disaient, dans un pieux cantique :
C'est l'élu, le Messie, c'est le fils de Dieu,

(*Avec terreur.*)

Je lisais sur le marbre écrit en traits de feu :
Malheur à toi ! Ma main voulait tirer le glaive,
Mais un fleuve de sang et m'entoure et s'élève ;
Pour le fuir sur un trône en vain j'étais monté,
Et le trône et moi-même, il a tout emporté !
Au milieu des éclairs, au milieu de la flamme,
Pendant qu'aux pieds de Dieu Satan traînait mon âme
 S'élevait de la terre une clameur :
   Qu'il soit maudit !
Mais vers le ciel et dans l'abîme immense
Une voix s'éleva, qui répéta : Clémence !
Ici, je me réveillai... muet... anéanti...
   D'épouvante et d'horreur !

LES TROIS ANABAPTISTES, *mystérieusement.*

 Sur ce songe prophétique
 Le ciel même à nous s'explique,
L'avenir l'offre à nos yeux : Jean, tu régneras !

JEAN

Moi ! mes amis ! ah ! vous n'y pensez pas !
 Pour Bertha moi je soupire.
 Je ne veux pas d'autre empire ;
 Oui, son cœur est tout pour moi,
 Et son amour m'a fait Roi !

 Pour moi le plus beau royaume
 Ne vaut pas ce toit de chaume,
 Humble empire, doux séjour
 De la paix et de l'amour,

 Où Bertha sera toujours
  Mes seuls amours.

LES ANABAPTISTES

Ah! quelle folie extrême,
Dédaigner le rang suprême!
Marche avec nous, suis nos pas,
Et bientôt tu régneras!

JEAN

Moi?

LES ANABAPTISTES

Oui!

JEAN

Non!

JEAN

Au lieu de pompe royale,
Pour sa chambre nuptiale
J'ai cueilli la fleur des champs,
C'est ce soir que je l'attends!

Ce soir, le plus beau royaume
Ne vaut pas ce toit de chaume,
Humble empire, doux séjour
De la paix et de l'amour,
Où Bertha sera toujours
    Mes seuls amours.

LES ANABAPTISTES

Ah! quelle folie extrême,
Dédaigner le rang suprême!
Bientôt, bientôt tu régneras!

JEAN

Loin de moi, portez vos pas!
(*Les trois anabaptistes sortent.*)

SCÈNE III

BERTHE, JEAN, OBERTHAL

JEAN

Ils partent, grâce au ciel! leur funeste présence
M'empêchait d'être heureux! oui, demain, quand j'y pense,
Demain mon mariage, ô riant avenir!
Quel bruit retentit à cette heure? N'entends-je pas
Le galop des coursiers, les armes des soldats?

*(Berthe entre en courant, pâle, défaite; elle se
jette dans les bras de Jean.)*

JEAN

Berthe, ma bien-aimée! et d'où vient cet effroi?

BERTHE, *hors d'haleine.*

Des fureurs d'un tyran... sauve-moi...
Comment fuir... ses regards? Juste ciel!

JEAN, *lui montrant la cachette.*

Là! là!

*(Jean sort pour voir si Oberthal est près de la
chaumière.)*

BERTHE, *avec une expression douloureuse.*

Ah! d'effroi je tremble encore!
Au trépas viens m'arracher,
Dieu puissant, toi que j'implore,
A leurs yeux viens me cacher,

Mon Dieu !
(*Oberthal entre, Berthe se cache dans l'enfon-
cement à droite.*)

OBERTHAL

Loin de ces rives,
Au château de Harlem, je menais deux captives
Quand près de ta chaumière et près d'un bois épais
Dont les sombres détours l'ont cachée à ma vue
L'une d'elles a fui ; qu'est-elle devenue ?
Réponds ! tu vas me la livrer, ou ta mère à l'instant
A tes yeux va périr, si tu ne parles pas !

JEAN, *poussant un cri, et étendant ses mains suppliantes.*

Ma mère ! ah ! grâce !

OBERTHAL, *souriant.*

Ah ! le moyen est bon ! vois, choisis !

JEAN, *d'une voix entrecoupée par les sanglots.*

Ah ! cruels, prenez ma vie,
Tout mon sang, oui, le voilà ;
Mais ma mère tant chérie,
Ah ! de grâce, épargnez-la.

Ensemble

BERTHE

Ah ! d'effroi je tremble encore,
Au trépas viens m'arracher,
Dieu puissant, toi que j'implore,
A leurs yeux viens me cacher !

JEAN, *à Oberthal.*

Prends pitié de mes alarmes,
Ah ! suspends l'arrêt cruel,

Laisse un fils, un fils en larmes,
T'implorer comme le ciel !

OBERTHAL

Te voilà réduit aux larmes,
M'implorant comme le ciel,
Prends conseil de tes alarmes,
Et préviens l'arrêt mortel !

OBERTHAL

Eh bien ?

JEAN, *avec fureur.*

Qu'entre nous deux le ciel juge et décide,
Qu'il fasse sur toi seul tomber le parricide !

(*Oberthal remonte le théâtre, ouvre la porte et fait signe à ses soldats d'amener Fidès. Pendant ce temps, Berthe, pâle et tremblante, entr'ouvre le rideau. Jean fait un pas vers elle, mais en ce moment, on a traîné Fidès à la porte du fond. Elle tombe à genoux en étendant les bras vers son fils, des soldats lèvent la hache sur sa tête, Jean se retourne, l'aperçoit ; il pousse un cri, s'élance vers Berthe et la fait passer devant lui, au moment où Oberthal redescend le théâtre.*)

JEAN, *avec fureur, en jetant Berthe aux mains des soldats.*

Ah ! va-t'en, va-t'en ! Tu le vois, il le faut !

(*Les soldats entraînent Berthe ; Jean tombe hors de lui sur une chaise, ne regardant pas sa mère et se cachant le visage dans ses mains.*)

SCÈNE IV

FIDÈS, JEAN

FIDÈS, *d'une voix timide, et pleurant.*

Ah ! mon fils, sois béni !
Ta pauvre mère
Te fut plus chère
Que ta Bertha,
Que ton amour !
Tu viens, hélas ! de donner pour ta mère
Plus que la vie en donnant ton bonheur !
Que vers le ciel s'élève ma prière,
Et sois béni, mon fils, dans le Seigneur !

(Elle embrasse Jean avec transport. Jean par un geste indique à sa mère qu'il est calme, et l'invite à se retirer dans sa chambre pour se reposer. Fidès inquiète, hésite, puis obéit, en se retirant lentement.)

SCÈNE V

JEAN, JONAS, MATHISEN, ZACHARIE

JEAN, *cessant de se contraindre et éclatant.*

O fureur ! le ciel ne tonne pas sur ces têtes impies !
(Dans les coulisses, de très loin.)

LES TROIS ANABAPTISTES

Ad nos, ad salutarem undam.

JEAN, *à voix basse.*

Ah ! c'est Dieu qui m'entend, Dieu qui me les envoie !

(*D'une voix étouffée.*)

Venez, entrez, nous sommes seuls.
Dans mes rêves tantôt, lisant le rang suprême,
Ne m'avez-vous pas dit : Suis-nous, tu régneras ?

LES ANABAPTISTES

Et nous t'offrons encor un diadème,
Sois roi !

JEAN

Pourrais-je alors frapper mes ennemis ?

LES ANABAPTISTES

A ta voix, ils seront par nous anéantis !

JEAN

Et pourrais-je immoler Oberthal ?

LES ANABAPTISTES

       Ce soir même !

JEAN

Que faut-il faire alors ? Parlez ! et je vous suis !

ZACHARIE, *à demi-voix.*

Gémissant sous le joug et sous la tyrannie,
Nos frères d'Allemagne attendent le Messie
Qui doit briser leurs fers,

Prêts à se soulever au seul nom du prophète
Que Dieu leur a promis et que j'ai su trouver !

JEAN

Que dites-vous ?

JONAS

Le ciel dont il est l'interprète,
Le ciel nous a lui-même à des signes certains
Révélé cet élu marqué par les destins !

LES ANABAPTISTES

Jean, Dieu t'appelle !

JONAS

Ah ! viens, viens avec nous, mon frère.

Ensemble.

LES ANABAPTISTES

Oui, c'est Dieu qui t'appelle, qui t'éclaire,
A tes yeux a brillé sainte lumière,
En tes mains il remet sa bannière,
Avec elle, apparais dans nos rangs,
Et des grands, cette foule si fière
Va par toi se réduire en poussière,
Car le ciel t'a choisi sur la terre
Pour frapper et punir les tyrans !

JEAN

Oui, j'irai sous ta sainte bannière
A ta voix les réduire en poussière,
Car ton bras m'a choisi sur la terre
Pour frapper et punir les tyrans !

MATHISEN

Ne sais-tu pas qu'en France une chaste héroïne
Qu'inspiraient comme toi de saintes visions,
Jeanne d'Arc, a sauvé son pays ?

JEAN

Oui, partons !

ZACHARIE

Mais, envoyé du ciel, songe bien désormais
Que tout lien terrestre est brisé pour jamais,
Que tu ne verras plus ton pays, ni ta mère !

JEAN

Partir sans voir ma mère ?

ZACHARIE

Il le faut, Dieu le veut !

JEAN *s'approche de la chambre de* **Fidès.**

Silence, elle dort...
Et pendant son sommeil murmure une prière !...
C'est pour moi qu'elle prie...

(*Écoutant et répétant à mesure les paroles de sa
mère.*)

Dieu veillez... sur mon enfant...

(*Avec désespoir.*)

Et son enfant la fuit et la délaisse !

(*Avec feu.*)

Non, non, partez sans moi, je reste à sa vieillesse !
Ma mère est le seul bien qui me reste à présent !

ZACHARIE *s'approche mystérieusement de Jean.*

Et la vengeance ?

MATHISEN, *s'approchant de l'autre côté de Jean.*

Et l'espérance...

JONAS, *s'approchant aussi.*

De voir tomber nos oppresseurs ?

LES TROIS ANABAPTISTES

Et la couronne
Que le ciel donne
A ses élus, à ses vengeurs ?
O sainte extase
Qui nous embrase
Viens le guider dans les combats !

Dieu t'appelle,
Soldat fidèle
Cours à sa voix et suis nos pas !
O sainte extase
Qui nous embrase
D'un vain amour brise les nœuds.

JEAN

Un seul instant.

LES ANABAPTISTES

Non. Viens !

JEAN, *avec émotion.*

Adieu ma mère
Et ma chaumière,
Je ne dois plus vous voir, hélas !
O mon village,

2.

O douce image
Oui dans mon cœur tu resteras !

ZACHARIE, *aux deux autres anabaptistes.*

Voyez ! il hésite.

MATHISEN *et* ZACHARIE

Ciel ! Écoute Dieu !

JEAN, *sanglotant.*

Ma pauvre mère ! Adieu ! Adieu !

LES ANABAPTISTES

O sainte extase
Qui nous embrase,
Viens le guider dans les combats !
Oui, Dieu t'appelle,
Soldat fidèle,
Cours à sa voix et suis nos pas !
Voici l'heure ! Partons !

JEAN

Un seul instant, de grâce,
Prêt à partir que je l'embrasse !

(*Ils entraînent doucement Jean vers la porte. La scène reste vide. Jean, pâle, hors d'haleine, rentre en courant jusqu'à la porte de la chambre de sa mère ; puis il s'arrête tout d'un coup. D'une voix étouffée.*)

JEAN

Non ! Si je l'embrassais, je ne partirais pas !
Allons, partons !

LES ANABAPTISTES

Partons !

(*Tous les quatre sortent.*)

ACTE III

Le camp des anabaptistes dans une forêt de la Westphalie.
En face du spectateur un étang glacé qui s'étend à l'horizon, et
se perd dans les brouillards et les nuages. A droite et à gauche,
une antique forêt dont les arbres bordent un côté de l'étang; de
l'autre côté de l'étang, les tentes des anabaptistes. Le jour est
sur son déclin. On entend dans le lointain un bruit de combat qui
augmente et se rapproche. Des soldats anabaptistes se précipitent
sur le théâtre par la droite, des femmes et des enfants sortant
du camp, accourent à leur rencontre au moment où un groupe
de soldats entrent par la gauche, traînant enchaînés plusieurs prisonniers, hommes et femmes richement vêtus, hauts barons et
dames châtelaines des environs, un moine, des enfants, etc., etc.

SCÈNE PREMIÈRE

*(Les anabaptistes entraînent les prisonniers, et
les entourent en les menaçant avec leurs haches.)*

LE CHŒUR DES ANABAPTISTES

Du sang! Que Judas succombe
Dansons, dansons sur leur tombe!
Voilà l'hécatombe
Que Dieu vous demande encor.

Frappez l'épi quand il se lève
Et frappez l'arbre dans sa sève,
Tous tomberont sous notre glaive,
Car Dieu l'a dit, il veut leur mort !

Gloire au Dieu des fidèles !
(*Ils tombent à genoux en acte de prière.*)
Te Deum laudamus !
(*Ils se relèvent et menacent de nouveau les pri-
sonniers.*)

MATHISEN

Arrêtez !

PREMIER ANABAPTISTE

Quoi, ton cœur connaîtrait la pitié ?

MATHISEN

Non, mais ces nobles Seigneurs peuvent payer rançon.
(*Zacharie revient du combat à la tête d'un groupe
d'anabaptistes. Il brandit sa hache joyeusement en signe de victoire.*)

ZACHARIE

Aussi nombreux que les étoiles
Ou bien que les flots de la mer,
Comme un chasseur qui tend ses toiles
Contre les aigles du désert,
Vers nos phalanges immortelles
Les mécréants furent poussés.
(*Feignant la peur, ironiquement.*)
Où donc sont-ils, ces guerriers si braves ?
Comme le sable du désert, tous dispersés !

LE CHŒUR

Comme le sable dispersés,
Tous dispersés!

ZACHARIE

Couvrant les monts, couvrant les plaines
Leurs chars qu'on voyait défiler,
Pour nous lier traînaient des chaînes,
Des roseaux pour nous flageller!
Pour nous punir, pauvres esclaves,
Venaient ces maîtres courroucés.
(*Feignant la peur, ironiquement.*)
Où donc sont-ils ces vainqueurs si braves?
Comme le sable du désert, tous dispersés!

LE CHŒUR

Comme le sable, dispersés,
Tous dispersés!

MATHISEN, *prenant Zacharie à part.*
Voici la fin du jour; nos fidèles soldats
Depuis l'aurore ont tous combattu!

ZACHARIE

Pour la gloire!

MATHISEN
Aux estomacs à jeun, elle ne suffit pas!

ZACHARIE
Voici venir pour eux les fruits de la victoire.
Sur cet étang glacé, de tous les environs
De nombreux pourvoyeurs, le front haut, le pied leste,
Accourent vers le camp!

MATHISEN, *se frappant joyeusement les mains.*
C'est la manne céleste

ZACHARIE, *en riant.*

Qui vient réconforter nos pieux bataillons!

CHŒUR

*(Pendant ce chœur on voit dans le fond du
théâtre, défiler sur l'étang glacé, des traineaux
attelés de chevaux, des petites voitures à quatre
roues, chargées de provisions. La fermière est
assise sur la banquette de devant et un homme,
debout derrière elle, pousse le traineau en
patinant. Des hommes, des femmes et des
enfants, portant sur leurs têtes des paniers ou
des pots de lait, sillonnent l'étang glacé dans
tous les sens en patinant, et abordent auprès
du camp.)*

Voici les fermières,
Lestes et légères,
Sur leurs têtes fières
Portant leurs fardeaux;
Leurs pieds sur la glace,
Courant avec grâce,
Sans laisser de trace
Glissent sur les flots!

PREMIÈRE ET DEUXIÈME PAYSANNES, *seules.*

Pour vous servir nous quittons nos cabanes;
Achetez tous! loin de nous les profanes,
Nous ne vendons qu'aux soldats du vrai Dieu

CHŒUR

Voici les fermières

Lestes et légères,
Sur leurs têtes fières
Portant leurs fardeaux ;
Leurs pieds sur la glace
Courant avec grâce
Sans laisser de trace
Glissent sur les flots !

(Les anabaptistes courent recevoir les provisions qu'on leur apporte et offrent en échange aux pourvoyeurs et aux jeunes filles des étoffes précieuses, des vases, etc., entassés dans le camp. Les jeunes filles qui ont défait leurs patins se mettent à danser, pendant que les soldats anabaptistes, qui se sont assis, boivent et mangent, servis par leurs femmes et leurs enfants.)

SCÈNE II

JONAS, OBERTHAL, ZACHARIE, MATHISEN

ZACHARIE

Livrez-vous au repos, frères, voici la nuit !

(La scène change et représente l'intérieur de la tente de Zacharie. Il fait tout à fait nuit.)

ZACHARIE

Tu reviens de Munster !

MATHISEN

J'ai sommé de se rendre

Son gouverneur, le vieil Oberthal !

ZACHARIE

Qu'a-t-il dit?

MATHISEN

Le château de son fils par nous réduit en cendres
L'a rendu furieux ; il ne veut rien entendre, l'impie !

ZACHARIE

Il a beau faire, il cédera bientôt !

MATHISEN

Oui, mais en attendant, si Munster nous résiste,
C'en est fait dès demain du dogme anabaptiste,
Car l'empereur accourt !

ZACHARIE

Il faut donner l'assaut :
Prends trois cents de nos gens, saisissons l'avantage
De la nuit !

MATHISEN

Mais pourtant...

ZACHARIE

Hâtons-nous, il le faut :
C'est l'ordre du prophète ! Enflamme leur courage,
Promets-leur en son nom la gloire et le pillage !
J'ignore quel projet, quel remords le tourmente,
Mais Jean depuis hier retiré sous sa tente
Refuse de paraître !

(*Mathisen sort. Jonas arrive, suivi de quelques
soldats qui entourent Oberthal.*)

ZACHARIE

Qui marche là? qui vive?

JONAS

Un voyageur errant

Que je viens de surprendre aux environs du camp!

OBERTHAL, *avec embarras.*

Égaré dans la nuit et dans ce bois immense!

JONAS

Il venait, m'a-t-il dit, se joindre à nous!

ZACHARIE, *s'adressant à Oberthal.*

Avance!
Tu dis donc qu'en nos rangs il venait s'engager?

OBERTHAL, *à part.*

Laissons-lui son erreur, seul moyen, je pense,
De pénétrer plus tard à Munster sans danger!

Trio

JONAS, OBERTHAL, ZACHARIE

OBERTHAL

Sous votre bannière
Que faudra-t-il faire?
Je veux le savoir!

JONAS

Tu veux le savoir?

ZACHARIE

Puisque tu persistes,
Des anabaptistes
Voici le devoir!

(*Comme s'il récitait une prière.*)

Le paysan et sa cabane
En tout temps tu respecteras!
Abbaye ou couvent profane
Par le feu tu purifieras!

JONAS

Les barons, les marquis, les comtes
Au premier chêne tu pendras !

ZACHARIE

Toujours et quel que soit leur compte,
Leurs beaux écus d'or tu prendras !

JONAS, *d'un ton hypocrite.*

Du reste en bon chrétien, mon frère,
Toujours saintement tu vivras !

OBERTHAL

Je le jure ! Je le jure !

Ensemble

Verse, verse, frère,
Le doux choc des verres
Fait les cœurs sincères
Et les vrais amis !

JONAS *et* ZACHARIE

Prenons garde, frère,
Vois, s'il est sincère !
Si par un faux frère
Nous étions trahis !

OBERTHAL

Infâme repaire !
Race sanguinaire !
Au ciel et sur terre
Soyez tous maudits !

TOUS LES TROIS

Verse, verse, frère,

Le doux choc des verres
Fait les cœurs sincères
Et les vrais amis !

JONAS, *s'adressant à Oberthal.*

Pour prendre Munster l'invincible, dès demain
Avec nous tu viendras !

OBERTHAL

      Oui, j'irai !

JONAS

Son gouverneur si fier, ce traître d'Oberthal...

OBERTHAL, *à part.*

Quoi, mon père !

JONAS

      Massacré !

OBERTHAL

Juste ciel ! Massacré ! Que faire ?

JONAS, ZACHARIE

Massacré ! quel plaisir ! tra la la la la.

JONAS, *seul.*

Et son fils, si je puis le prendre,
Aux créneaux des remparts sera pendu !

OBERTHAL

Vous croyez ? Quoi ! pendu ?

JONAS, ZACHARIE

Quel plaisir quand il sera pendu !

ZACHARIE, *à Oberthal.*

Tu le jures ?

OBERTHAL, *hésitant.*

      Qui ? moi ?

ZACHARIE

      Par la Bible ! veux-tu

Jurer avec nous de le pendre ?
(*Avec colère.*)

Eh bien ?

OBERTHAL, *avec résolution.*

Je le jure !

JONAS, *d'un ton hypocrite.*

Du reste en bon chrétien,
Mon frère, toujours saintement tu vivras !

TOUS LES TROIS

Verse, verse, frère,
Le doux choc des verres
Fait les cœurs sincères
Et les vrais amis.

JONAS

Mais pourquoi dans l'ombre
Demeurer ainsi ?
Chassons la nuit sombre
Qui nous couvre ici !

(*Battant le briquet.*)

La flamme scintille,
Et grâce à ce fer,
Du caillou pétille
Et jaillit l'éclair !

TOUS LES TROIS

O douce rencontre
Qui sans doute ici
L'un à l'autre nous montre
Les traits d'un ami !

JONAS *et* ZACHARIE, *reconnaissant Oberthal.*

O ciel ! C'est lui !

OBERTHAL, *reconnaissant Jonas.*

Brigand!

ZACHARIE

Oberthal!

JONAS

Cet infâme!

OBERTHAL

Mon sommelier! fils de Satan!

JONAS

Mon ancien maître! ah! mon tyran!

OBERTHAL

Vous que tous deux l'enfer réclame!

JONAS *et* ZACHARIE

Toi qui fis couler notre sang!

OBERTHAL

Grand Dieu, ta juste colère
Anéantira, j'espère,
Cette race sanguinaire,
    Soyez tous maudits!

JONAS *et* ZACHARIE

Le ciel nous éclaire, frère,
A notre bannière sainte
Tu seras pendu, j'espère,
    Pendu, mon cher frère!

OBERTHAL

Infâme repaire!
O race perverse!
Au ciel et sur terre
Soyez tous maudits!

O Dieu tutélaire,
Ta juste colère
Châtiera, j'espère,
Ces bandits maudits !

JONAS *et* ZACHARIE

O destin prospère,
A notre bannière
Tu seras, j'espère,
Pendu par un ami !
O destin prospère,
Tu seras, j'espère,
Pendu par un frère,
    Par un ami !

(*Les soldats qui étaient en sentinelles à la porte de
la tente sont accourus au bruit et entourent
Oberthal.*)

SCÈNE III

LES MÊMES, JEAN

ZACHARIE, *à Jonas, lui montrant Oberthal.*

Qu'on le mène au supplice !
    (*S'arrêtant et réfléchissant.*)
        Ah ! qu'un moine l'escorte !

JONAS

Sans consulter le Prophète ?

ZACHARIE

Il n'importe...
C'est lui... va-t'en !

(*Jonas sort par la gauche.*)
(*Ici, Jean sort de la tente à droite, d'un air
    pensif.*)

ZACHARIE, *s'approchant de Jean.*

Quel air pensif et soucieux ?
Quand le guerrier prophète, inspiré par les cieux,
Apparaît dans sa gloire à l'Allemagne entière,
Comme l'ange vengeur que la France révère !

JEAN

Jeanne d'Arc sur ses pas fit naître des héros
Et je n'ai, sur les miens, traîné que des bourreaux :
Je n'irai pas plus loin !

ZACHARIE

Qu'oses-tu dire ?

JEAN, *avec émotion.*

Que je veux voir ma mère !

ZACHARIE

Ou plutôt son trépas !
(*D'une voix sombre.*)
Car si tu la revois, ne t'en souvient-il pas ?
Dans l'intérêt du ciel, elle expire !

JEAN, *se levant et jetant son épée.*

Pour m'immoler d'abord, reprenez donc ce fer,
Je vous le rends, adieu ! L'Allemagne enchaînée
Est libre par mon bras ! Ma tâche est terminée,
Je n'irai pas plus loin, non ! non !

ZACHARIE

Par l'enfer!

Par la mort!

(*Des soldats conduisent Oberthal à la mort; un
moine est à ses côtés et l'exhorte.*)

JEAN

Où va ce prisonnier?

ZACHARIE, *aux soldats.*

Qu'à la mort il vous suive!

JEAN

Qui peut dire il mourra, quand je dis qu'il vive?
Je lui fais grâce!

(*Il reconnaît Oberthal.*)

Oberthal!

ZACHARIE, *avec ironie.*

Ton courroux
Lui fait-il grâce encor?

JEAN, *vivement.*

Laissez-nous! Laissez-nous!

SCÈNE IV

JEAN, OBERTHAL

JEAN, *avec émotion.*

Le voilà, le voilà, celui par qui mes jours
Sont flétris pour toujours!
Le ciel à moi te livre!

OBERTHAL

Il est juste, mon crime
A mérité la mort! Du haut de mes créneaux
Berthe, pure et chaste victime,
Pour sauver son honneur, s'élança dans les flots!

JEAN

Morte!

OBERTHAL

Non! et touché du remords qui m'accable,
Dieu voulut épargner ce forfait au coupable,
Des flots il l'a sauvée!

JEAN

Et comment? parle!

OBERTHAL

Hier,
Un avis sûr m'apprend qu'on l'a vue à Munster!

JEAN

A Munster!

OBERTHAL

J'allais implorer d'elle
Et du Ciel mon pardon ; en tes mains me voilà :
J'ai tout dit! frappe!

JEAN, *aux soldats qui avaient la hache levée.*

Epargnez l'infidèle,
Berthe sur lui prononcera!
(*Les soldats emmènent Oberthal.*)

JEAN

Remparts, que ma pitié n'osait réduire en cendres,
Vous qui me cachez Berthe, il faudra me la rendre;
Fidèles compagnons, vous me suivrez!

3.

MATHISEN, *accourant effrayé.*

O terreur !

Toi seul peux désarmer ces cohortes rebelles :
Des portes de Munster des guerriers sont sortis
Et les nôtres par eux mis en fuite !

JEAN, *suivi de Mathisen, sort précipitamment.*

Courons !

(*Le théâtre change à vue et représente le camp des
anabaptistes.*)

SCÈNE V

CHŒUR DES SOLDATS RÉVOLTÉS. *Les soldats accourent
de tous les côtés en désordre.*

Par toi Munster nous fut promis,
Il dut par nous être conquis,
Tu le disais, la palme est prête,
Tu nous promis cette conquête,
Nos soldats lâchement surpris,
Sont livrés à nos ennemis.
La mort à l'imposteur !
La mort au faux prophète!

SCÈNE VI

PREMIER ET DEUXIÈME ANABAPTISTES, JEAN, JONAS,
MATHISEN, ZACHARIE, SOLDATS

JEAN, *aux soldats, d'un ton sévère,*
Qui vous a sans mon ordre entraînés aux combats?

PREMIER ET DEUXIÈME ANABAPTISTES, *montrant
Mathisen.*

C'est lui !

MATHISEN, *effrayé, montrant Zacharie.*

C'est lui !

JEAN

Perfides que mon bras
Devrait punir ! Et vous, insensés que vous êtes,
Depuis quand au trépas ai-je voué vos têtes
Sans y marcher devant vous ?
Du dieu qui dans ses mains tenait la palme prête,
Votre rébellion excita le courroux !

Ensemble

JEAN

L'Éternel, dites-vous, à l'ennemi vous livre :
C'est que l'impiété règne encor dans vos cœurs !
(S'animant toujours davantage.)
Ils n'avaient pas la foi, ces tièdes serviteurs,
Que Dieu dans ses décrets juge indignes de vivre ;
Craignez plutôt comme eux le céleste courroux
Et pour le calmer, peuple impie, à genoux !
Et sous son bras vengeur,
Coupables, courbez-vous !

CHŒUR

A ses accents, d'un saint effroi j'ai tressailli,
Car l'Éternel, car Dieu est encore avec lui !
(Tous tombent à genoux.)

JEAN

Éternel, Dieu sauveur qui vois notre faiblesse,

Ne te détourne pas de nous.
Dans la cendre mon front s'abaisse,
(*D'une voix entrecoupée par les soupirs.*)
Dieu, tu nous vois tous à genoux !

LE CHŒUR ET JEAN, *les voix alternées.*

Miserere !

JEAN

Car ton appui

LE CHŒUR

M'est retiré !

JEAN

Pitié ! Seigneur, exauce ma prière !
Seigneur, apaise ta colère,
Pardonne à ton peuple égaré !

LE CHŒUR

Dieu puissant, nous t'implorons !
(*Trompettes des remparts de Munster.*)

JEAN

Écoutez ! Quels sons se font entendre !
Les clairons de Munster réveillent nos clairons !
Dieu m'inspire, ah venez, et demain sur vos fronts
La victoire sainte va descendre
Et la grâce du Seigneur va s'étendre sur vous !
(*Mathisen accourt suivi d'une foule de paysans
armés.*)

MATHISEN

Grand prophète, ton peuple se relève et tu règnes !
Oui, tous les paysans, en agitant leurs fers,
Courent se ranger sous tes saintes enseignes !

LE DEUXIÈME ANABAPTISTE, *accourant.*

Maître, un seul cri s'élève : l'assaut à Munster !
(*Jean, sans écouter Mathisen, et comme frappé
d'une vision.*)

JEAN

Que vois-je ! le ciel s'est ouvert !
(*D'une voix mystérieuse.*)
Sur les harpes les voix des anges
Chantent en chœur : A Munster !

LE CHŒUR

A Munster !
(*Tout le peuple accourt armé.*)

JEAN, *avec exaltation.*

Roi du Ciel et des Anges,
Je dirai tes louanges,
Comme David ton serviteur !

LE CHŒUR

Roi du Ciel et des Anges,
Il dira tes louanges
Comme ton serviteur !

JEAN

Car Dieu m'a dit : Ceins ton écharpe
Et conduis-les dans le salut !
Réveille-toi, ma harpe,
Réveille-toi, mon luth !

LE CHŒUR

Victoire, c'est Dieu qui l'envoie,
Que sa bannière se déploie !
Que les mots tressaillent de joie

Et qu'ils disent la gloire des cieux !
L'Éternel est roi sur terre, Roi des cieux !
(*L'armée anabaptiste se range en bataille et
commence à défiler.*)

LE CHŒUR

En marche, en marche, en marche !
Car Dieu nous suit de ses regards !
Vous, clairons, répétez votre chant triomphant :
A Munster ! A Munster !
(*Dans ce moment le brouillard qui couvrait
l'étang et la forêt se dissipe : le soleil brille
et laisse apercevoir dans le lointain, au delà
de l'étang glacé, la ville et les remparts de
Munster, que Jean montre de la main. L'armée
pousse des cris de joie, et incline devant lui
les bannières ; la toile tombe.*)

ACTE IV

Le théâtre représente une place publique de la ville de Munster. A droite la porte de l'hôtel de ville de Munster ; plusieurs
marches y conduisent. Plusieurs rues aboutissent à la place
publique. Au lever du rideau plusieurs bourgeois, portant des sacs
d'argent ou des vases précieux, montent les marches de l'hôtel
de ville ; d'autres descendent les mains vides. Plusieurs arrivent
par les différentes rues, s'avancent au bord du théâtre et forment
des groupes. Ils regardent autour d'eux avec inquiétude et se par-
lent à voix basse.

SCÈNE PREMIÈRE

LE CHŒUR DES BOURGEOIS

Courbons notre tête,
Craignons les méchants !
Voici la tempête,
Et les noirs autans !
(*Voyant venir une patrouille de soldats anabap-
tistes, ils crient à haute voix.*)
Vive le prophète,
Vivent ses soldats !
(*A voix basse, entre eux.*)
A bas le prophète,
A bas ses soldats !

TROISIÈME BOURGEOIS, *seul.*

Il règne maître en notre ville
Et dans Munster il faut encor
Mettre à ses pieds, bourgeois docile,
Tout notre argent et tout notre or ;
(*D'une voix suffoquée.*)
Sinon la mort !

LE CHŒUR

Sinon la mort !

QUATRIÈME BOURGEOIS, *seul.*

Voisins, quelles nouvelles?

PREMIER BOURGEOIS

Elles sont des plus tristes :
Ce prophète ou Satan, qui vient pour nous damner,
Hélas ! dans nos murs va, dit-on, se faire couronner
Comme roi des anabaptistes !

LE CHŒUR, *avec étonnement.*

Roi des anabaptistes?
(*Une nouvelle patrouille passe.*)
Vive le prophète !
Vivent ses soldats !

TROISIÈME BOURGEOIS, *seul voyant Fidès assise
sur une pierre au fond du théâtre.*

Assise sur cette pierre, femme, que fais-tu là?

SCÈNE II

LES MÊMES, FIDÈS. *Quelques bourgeois conduisent Fidès,
qui paraît épuisée de fatigue, sur l'avant-scène.*

FIDÈS, *d'une voix plaintive.*

Donnez pour une pauvre âme,
Ouvrez-lui le paradis !

Donnez à la pauvre femme
Qui prie, hélas! pour son fils!

Au sein de votre richesse,
Pitié, seigneur opulent!
Donnez pour dire une messe,
Hélas! à mon pauvre enfant.
(*Sanglotant.*)
Ah! pitié, donnez! hélas!
  (*Quelques bourgeois font l'aumône à Fidès et*
   partent. D'autres arrivent et l'entourent pour
   l'écouter.)

    FIDÈS, *à part avec désespoir.*
J'ai faim! j'ai froid! n'importe,
La tombe est plus froide encor.
Et moi bientôt glacée et morte
Qui donc priera sur son sort?
 (*On entend le son d'une crécelle dans une des cours*
  intérieures du palais.)

    UN BOURGEOIS, *seul.*
C'est l'heure!
    LE CHŒUR
  On nous attend, et si nous différons
Il y va de nos jours.
   LES BOURGEOIS *donnent de l'argent à Fidès.*
    Tiens!
    FIDÈS
    Merci!
    LE CHŒUR
      Et courons!
 (*Ils reprennent leurs sacs d'argent, et entrent*
  tous dans l'intérieur du palais.)

SCÈNE III

BERTHE, FIDÈS

FIDÈS, *elle voit venir un pèlerin qui marche avec peine.*
Un pauvre pèlerin ! De fatigue, mon frère,
Vous semblez accablé !

BERTHE

    Dieu ! quelle est cette voix ?

FIDÈS

Berthe ! Berthe ! ces traits !

BERTHE

    Fidès, ma bonne mère !
Sous ces habits, c'est toi que je revois !
  (*Elles se jettent dans les bras l'une de l'autre, et
   semblent s'interroger pendant la ritournelle.*)

BERTHE

Pour garder à ton fils le serment qui m'engage,
J'ai cherché vainement le trépas dans les flots ;
Un pêcheur m'a portée expirante au rivage,
Où des soins généreux m'ont cachée aux bourreaux,
Et plus tard j'ai couru, j'ai revu ta chaumière :
Où sont-ils ? où sont-ils ?
  (*D'un ton lugubre.*)
    Disparus pour jamais,
Loin d'ici, disaient-ils, et le fils et la mère
Pour Munster sont partis ! Suivons-les ! ai-je dit,
Vers Munster j'ai tourné mon espoir ; là naguère
Mon aïeul, vieux soldat, fut gardien du palais.

Et j'accours, je te vois, mon amie et ma mère,
Guide-moi vers ton fils, conduis-moi dans ses bras!
    O bonheur, ô transport, je te vois!

FIDÈS, *à part.*

Pauvre fille, si joyeuse, comment faire
    Pour t'apprendre ta misère
    Pour te dire ici, moi, sa mère,
    De Jean, hélas! le trépas!

BERTHE

Conduis-moi dans ses bras!

FIDÈS, *avec embarras et contenant à peine ses larmes.*
    Mon fils...

BERTHE, *avec joie.*
        Hâtons-nous!

FIDÈS
Mon fils...

BERTHE
    En quels lieux est-il donc?

FIDÈS
Il est mort!

BERTHE
    Il est mort!

FIDÈS
Hélas!

Ensemble

BERTHE

Dernier espoir, lueur dernière
Qui pour jamais ont disparu!
Que faire encor sur cette terre?
Mon bien-aimé, je t'ai perdu!
    Hélas! et pour toujours!

FIDÈS

Non, plus d'espoir, lueur dernière,
Tout mon bonheur a disparu !
Que faire encor sur cette terre ?
Mon pauvre enfant, je t'ai perdu !
Hélas ! et pour toujours !

FIDÈS

Un matin je trouvai dans mon humble logis
Des habits teints de sang ; c'étaient ceux de mon fils !
Une voix s'écriait : le ciel voulait sa tête ;
Tu ne le verras plus, c'est l'arrêt du prophète !

BERTHE

Qui ? lui ? ce tyran
Qui remplit l'Allemagne de sang ?

FIDÈS

Il a tué mon fils !

BERTHE

Punissons ses forfaits !

FIDÈS

Hélas ! tu ne peux rien !

BERTHE

Peut-être !
Si je puis seulement entrer dans son palais !

FIDÈS

Et que veux-tu ?

BERTHE

Ce que je veux ? Frapper ce traître.
(*Avec exaltation.*)
Dieu me guidera,
Dieu m'inspirera,
Sa voix immortelle
M'anime et m'appelle ;

Sainte espérance
De la vengeance,
Tu me soutiens !
Jean ! réveille-toi !
Jean ! marche avec moi !
Viens ! Viens !

FIDÈS

Mes yeux n'ont plus qu'à pleurer,
Ma voix qu'à te conjurer.
A toi, vierge sainte,
Ma fidèle plainte,
Ma seule espérance
Est dans ta présence !
Mon fils, près de toi,
Ah ! rappelle-moi !

BERTHE, *avec vigueur.*

Non, non, point de grâce !
Non, point de pardon !

Ensemble

BERTHE

Dieu me guidera !
Dieu m'inspirera !
Sa voix immortelle
M'anime et m'appelle ;
Mon espérance
Est dans la vengeance.
Jean ! réveille-toi !
Jean ! marche avec moi !

FIDÈS

Ma voix te priera
Et toujours dira :

O vierge immortelle,
A toi ma plainte fidèle,
Mon espérance
Est dans ta présence.
Jean! rappelle-moi!
Mon fils, près de toi.

Le théâtre change et représente la cathédrale de Munster. Une partie du cortège est censée déjà entrée, l'autre moitié continue à défiler; au fond de l'église des trabans de la garde du prophète forment la haie. Marche des grands électeurs portant l'un la couronne, l'autre le sceptre, l'autre la main de la justice, celui-ci le sceau de l'Etat, et d'autres les ornements impériaux. Jean paraît après eux, la tête nue et habille en blanc. Il traverse la nef principale et se rend dans le chœur au maître-autel qui est dans le fond'à droite et qu'on ne voit pas. Le peuple qui est .sur le devant du théâtre veut se précipiter sur ses pas. Il est repoussé par les trabans dans les chapelles laterales.

SCÈNE IV

FIDÈS, JONAS, MATHISEN, ZACHARIE.
(Les quatre anabaptistes et le chœur, dans les coulisses.)

Domine, salvum
Fac regem nostrum!
Et exaudi nos in die
Qua invocaverimus te!

FIDÈS

Que Dieu sauve le roi prophète, disent-ils!

(Avec force.)

Grand Dieu, exauce ma prière,
Et qu'errant, misérable et proscrit,
Il soit châtié sur la terre,
Que dans le ciel il soit maudit !

LES ANABAPTISTES

Domine salvum fac regem !

FIDÈS, *avec exaltation.*

Ah ! ma fille, ô Judith nouvelle,
Que Dieu protège ton dessein,
Qu'en ta main le glaive étincelle
Et de leur roi frappe le sein !
Dieu lui-même permet son trépas !
Va ! le Seigneur conduira ton bras !

LES ANABAPTISTES

Domine, salvum fac regem !

SCÈNE V

FIDÈS, JEAN, MATHISEN.

Pendant ce chœur a lieu une marche religieuse. Les enfants de chœur, l'encensoir à la main, ouvrent la marche ; d'autres frappent sur des timbres, par lesquels ils invitent le peuple à s'agenouiller, puis viennent des jeunes filles jetant des fleurs sur la route où doit passer le prophète ; dans le fond du théâtre on voit passer les grands dignitaires, qui portent les objets du couronnement (tels que le sceptre, l'épée, la couronne, le manteau, l'ampoule, etc.) que l'on passe alter_ nativement aux enfants de chœur qui les encensent.

CHŒUR D'ENFANTS

Le voilà, le roi prophète,
Le voilà, le fils de Dieu !

A genoux, courbez la tête,
Devant son sceptre de feu.

PREMIER ET DEUXIÈME ENFANTS

O prodige! nulle femme
Ne l'a porté, ne l'a conçu!
    A genoux!
    Courbez-vous!

(Ici entre Jean, sous un baldaquin, suivi des nouveaux princes électeurs; on l'oint de l'huile sainte et on le couronne, le revêtant avec les objets désignés à la première page du chœur.)

CHŒUR GÉNÉRAL

Le voici le roi prophète,
Le voici le fils de Dieu!
A genoux, courbez la tête,
Devant son sceptre de feu!
C'est le Roi, le fils de Dieu!

(Tout le monde se prosterne. Jean seul, debout sur le haut du grand escalier, descend lentement quelques marches d'un air pensif, puis il porte la main à sa couronne, et dit à voix basse, se rappelant la prédiction du deuxième acte.)

JEAN

Jean, tu régneras!
Ah! c'est donc vrai! Oui, je suis l'Élu,
Le fils de Dieu!

(En ce moment, Fidès qui est en prière sur le devant du théâtre, à droite, vient de se relever. Elle seule et Jean sont debout dans l'église. Elle regarde le nouveau roi et pousse un cri.)

FIDÈS

Mon fils!

LE CHŒUR

Son fils !

(*Jean, à la voix de sa mère, veut courir vers elle,
mais Mathisen qui est près de lui l'arrête et lui
dit à voix basse.*)

MATHISEN

Si tu parles, sa mort !

JEAN, *modérant son émotion, se retourne vers sa mère et
dit froidement :*

Quelle est cette femme?

(*Fidès, hors d'elle-même, se frappe les mains;
elle veut parler, mais le saisissement lui coupe
la parole.*)

FIDÈS, *d'une voix tremblante.*

Qui je suis? moi!

(*Avec indignation.*)

Qui je suis? moi!

(*Avec une douloureuse tendresse et en pleurant.*)

Qui je suis ?

(*D'une voix suffoquée par les larmes.*)

Je suis, hélas! la pauvre femme
Qui t'a nourri, t'a porté dans ses bras,
Qui t'a pleuré, t'appelle, te réclame,
Qui n'aime rien, que toi seul, ici-bas !

(*S'animant de plus en plus.*)

Hélas ! et toi, tu ne me connais pas !

(*Avec explosion.*)

Ah ! l'ingrat ! Il ne me reconnaît pas !

4

LE CHŒUR

Qu'entends-je, ô ciel, fraude coupable
Va ! le prophète te punira.

Qu'entends-je, ô ciel, et quel mystère
Faut-il en croire un tel aveu ?

JEAN, *troublé.*

Quelque erreur abuse son âme ;
(*Cherchant à se remettre.*)
J'ignore, ainsi que vous, ce que veut cette femme !

FIDÈS, *indignée, l'émotion la gagne.*

Ce que je veux ?

(*En pleurant.*)

Ce que voudrait, hélas ! la pauvre femme ?
Elle voudrait pardonner à l'ingrat,
Elle voudrait même au prix de son âme
Un seul instant te presser dans ses bras !

Ensemble.

LES TROIS ANABAPTISTES, ENFANTS DE CHŒUR, BOURGEOIS

Ah ! ciel !

JONAS, MATHISEN *et* ZACHARIE

C'est trop souffrir, divin prophète,
(*A Jean menaçant Fidès.*)
Livre-la-nous, que sur sa tête
Éclate enfin notre fureur !
Et ce blasphème et son erreur !

CHŒUR DES ENFANTS

Qu'entends-je, ô ciel, fraude mensongère,
Que punira le fils de Dieu !
Va-t'en, va-t'en de ce saint lieu !
Crains mon courroux, notre fureur !

CHŒUR DU PEUPLE

Quoi ! le saint prophète
Serait-il donc un imposteur !
L'élu du ciel, le saint prophète
Un imposteur ! Ah ! malheur !

CHŒUR GÉNÉRAL

Livrez-la-nous ! Livrez-la-nous !
Et que sur sa tête coupable
Tombe notre juste courroux !
Malheur à lui ! Malheur à nous !

*(Jonas et les anabaptistes qui ont entouré Fidès
lèvent leurs poignards sur sa tête.)*

JEAN

Arrêtez !

FIDÈS, *à part, avec joie.*

Il prend ma défense !

JEAN

Qu'on respecte ses jours ! Ne voyez-vous donc pas
Que cette femme est en démence !
(Fidès s'éloigne avec indignation.)
Un miracle peut seul lui rendre la raison !

CHŒUR DU PEUPLE

Tout est possible au roi prophète,
Tout est possible au fils de Dieu !

JEAN

Que Dieu m'inspire donc !
(*Il s'avance vers Fidès lentement avec solennité.*)
Que la sainte lumière
Descende sur ton front,
Pauvre insensée, et t'éclaire !
(*A Fidès.*)

Femme, à genoux !
(*Jean s'approche de Fidès, étend les mains sur
sa tête et la fascine tellement de son regard
qu'involontairement elle tombe à genoux.*)

JEAN, *avec intention à Fidès.*

Tu chérissais ce fils dont je t'offre les traits ?

FIDÈS, *émue.*

Si je l'aimais !

JEAN

Eh bien ! que maintenant vers moi ton œil se lève !

FIDÈS, *d'une voix tremblante.*

Mon Dieu !

JEAN, *au peuple.*

Et vous qui m'écoutez, peuple, tirez le glaive !
(*Tous tirent leurs épées et leurs poignards.*)

FIDÈS

Ah ! je frémis !

JEAN

Eh bien ! Eh bien !
Si je suis son enfant, si je vous ai trompés,
Punissez l'imposteur, frappez, voici mon sein !
(*Sur un signe de Jean plusieurs anabaptistes*

mettent la pointe de leurs poignards sur sa poitrine.)

(A Fidès.)

Suis-je ton fils?

LE CHŒUR

Parlez! Parlez!

(Fidès, troublée, se lève et passe au milieu du théâtre.)

FIDÈS, *d'une voix entrecoupée, pouvant à peine parler,*

Ah! peuple!... je vous trompais!
Ce n'est pas là mon fils. Non, non,

(Avec désespoir.)

Je n'ai plus de fils, hélas!

LE CHŒUR

Miracle du grand prophète!

FIDÈS, *à part.*

O douleur! il faut donc pour le sauver
A jamais le quitter!
Mon Dieu, veillez sur lui!

LE CHŒUR

Sublime spectacle!
Miracle! Miracle!

(Ils encensent Jean qui part avec sa suite.)

Ensemble

LES ANABAPTISTES

Domine, salvum fac regem!

4.

LE CHŒUR

Sa voix rend la raison aux insensés!

FIDÈS

Et Berthe, ô ciel! qui veut l'assassiner!
Courons!

LES ANABAPTISTES

Domine, salvum
Fac prophetam nostrum.

ACTE V

Le théâtre représente un caveau voûté dans le palais de Munster.
A gauche un escalier par lequel on descend dans le caveau. Au
fond, au milieu du mur, une dalle saillante sur laquelle des carac-
tères sont tracés. A droite une porte de fer donnant sur la campagne.

SCÈNE PREMIÈRE

JONAS, MATHISEN, ZACHARIE

MATHISEN, *s'adressant à Jonas.*

Ainsi vous l'attestez?

ZACHARIE

Oui! redoublant d'efforts,
Vers Munster l'Empereur et s'avance et s'apprête
A foudroyer ces murs!

MATHISEN

Comment fuir la tempête?

ZACHARIE, *tirant un parchemin de sa poche, d'une voix
mystérieuse.*

Il offre sauvegarde à nous, à nos trésors,
Si nous lui livrons le prophète.

Qu'en dites-vous?

> *(Tous les trois se regardent un instant sans répondre, puis croisent les bras sur la poitrine et disent en baissant la tête.)*

TOUS LES TROIS

Du ciel la volonté soit faite!

SCÈNE II

FIDÈS

Apparaissent sur les marches de l'escalier à gauche plusieurs soldats; l'un tient un flambeau, les autres entraînent Fidès. Les soldats montrent à Fidès un banc de pierre, lui font signe de s'asseoir, et remontent l'escalier par où ils partent.

FIDÈS

O prêtres de Baal, où m'avez-vous conduite?
Quoi! les murs d'un cachot! Ah! l'on retient mes pas
    Quand de mon fils Berthe veut le trépas!
Mon fils! il ne l'est plus! Il renia sa mère!
Que sur son front coupable éclate ta colère,
Frappe, toi qui punis tous les enfants ingrats!
    Non, non, grâce pour lui!

Cavatine

O toi qui m'abandonnes,
Mon cœur est désarmé,
Ta mère te pardonne,
Adieu mon pauvre enfant, mon bien-aimé,
Sois pardonné!

Je t'ai donné mon cœur,
Je t'ai donné mes vœux,
Et maintenant pour que tu sois heureux,
Je te donne ma vie,
Et mon âme ravie
T'attendra dans les Cieux !
(*Un officier arrive, descendant par l'escalier.*)

L'OFFICIER

Femme, prosterne-toi devaut ton divin maître !
Le Roi prophète à tes yeux va paraître !
(*Il sort.*)

FIDÈS, *d'une voix suffoquée par l'émotion.*

Il va venir ! je vais le voir !
Hélas ! bien coupable peut-être.
(*Avec exaltation.*)

Comme un éclair précipité
Dans son âme,
Frappe mon fils, ô vérité,
De ta flamme ;
Qu'il soit dompté comme l'airain
Par le feu.
Ah ! céleste flamme,
Touche enfin son âme !
Sainte phalange,
Rends-lui son ange !
Esprit divin, descends vainqueur,
De tes rayons, perce son cœur
Et que du crime sous ses pas
L'abîme noir ne s'ouvre pas.

Comme un éclair précipité
Dans son âme,

Frappe mon fils, ô vérité,
De ta flamme.
Qu'il soit dompté
Comme le fer par le feu
Et qu'il remonte au sein de Dieu !

Céleste phalange,
Rends-lui son ange,
Esprit de Dieu, descends vainqueur
Et ramène mon enfant au Dieu Sauveur.
(*Jean entre en descendant l'escalier et court vers
sa mère.*)

SCÈNE III

JEAN

Ma mère !

FIDÈS, *d'un ton sévère et solennel.*

Arrière !
Prophète et fils de Dieu, tu n'es plus dans ce temple,
Où debout tu m'osais braver !
Et maintenant que Dieu seul nous contemple,
A genoux !

JEAN

Ah ! pardon pour un fils égaré !

FIDÈS

Mon fils ! je n'en ai plus !
Ce fils tant pleuré...

JEAN

De honte je rougis !

FIDÈS

Était pur devant Dieu !

Duo

FIDÈS

Mais toi, mais toi qu'on déteste, tyran,
Sous la colère céleste tremblant,
Toi dont les mains sont teintes de sang
Tu n'es plus rien pour moi! Va-t'en!
Loin de mon cœur et de mes yeux!
    (*D'une voix suffoquée.*)
                            Du sang!

JEAN

Ma mère, hélas! me maudit, me déteste
Quand j'allais la presser dans mes bras,
Et son courroux est le courroux céleste.
Hélas! autour de moi cachez ces flots de sang,
Remords vengeur, éloigne-toi, va-t'en!

Ah! c'est mon seul amour qui m'a rendu coupable.
Je ne voulais d'abord, en ma juste fureur,
Que venger de Bertha le trépas et l'honneur.
Et puis, le sang versé vous rend impitoyable,
Ces tyrans orgueilleux, ces maîtres insensés,
J'ai voulu les punir !

FIDÈS

            Et tu les as surpassés!
Aucun d'eux n'eût osé, faussaire et sacrilège,
Se proclamer l'égal du Dieu qui nous protège !
    Mais toi, Prophète funeste, effrayant,
    Sous le céleste courroux blasphémant,
    Loin de mon cœur, de mes yeux, ah! va-t'en !

JEAN

Hélas! Ah! dans mon cœur tout déchiré
Quel remords affreux ! ah! pitié! pitié!

Ensemble

FIDÈS

Tu n'es plus rien pour moi !

JEAN

Remords vengeur, éloigne-toi !

FIDÈS

Eh bien ! si le remords s'éveille dans ton âme
Et si tu veux encor être digne de moi,
Renonce à ton pouvoir, à ceux qui t'ont fait roi !

JEAN

Déserter mes soldats ?

FIDÈS

C'est Dieu qui te réclame !

JEAN

Par eux je fus vainqueur !

FIDÈS

Par eux tu fus infâme !

JEAN

Ils diront que j'ai fui !

FIDÈS

Vers le ciel, vers l'honneur !
(*Elle conduit Jean sur le devant du théâtre, lui
montrant le ciel.*)
A la voix de ta mère
Le ciel peut se rouvrir.
Dieu n'a plus de colère
Devant le repentir,
Le ciel peut se rouvrir !

JEAN, *répétant involontairement.*
Peut se rouvrir !

Ensemble

FIDÈS

Oui, par lui, je te l'atteste,
Tous tes crimes s'effaceront
Et le pardon céleste
Descendra sur ton front.

JEAN

C'est sa voix qui me l'atteste,
Tous mes crimes s'effaceront
Et le pardon céleste
Descendra sur mon front

FIDÈS

Ah ! les jours d'innocence à ma voix renaîtront
Et le pardon céleste descendra sur ton front !

JEAN

En moi quels combats !

FIDÈS

Viens, mon fils !

JEAN

Quoi ! se pourrait-il ?

FIDÈS

Oui, mon fils !

JEAN

Quoi, ce nom ?

FIDÈS

Ce nom si tendre

JEAN

Votre cœur...

FIDÈS

Mon cœur est prêt

JEAN

A me le rendre ?

5

FIDÈS

A te le rendre ! pour toujours.

JEAN

Mais mon crime ?

FIDÈS

S'effacera !

JEAN

Le pardon ?

FIDÈS

Descendra !

JEAN

Le ciel pourrait me pardonner ? Ma mère !

FIDÈS

Reviens, mon fils, viens à ta mère !
(*Elle ouvre les bras à son fils qui s'y jette avec
transport.*)

FIDÈS

Ah ! viens, il en est temps encor,
Entends ma voix fidèle, sois courageux, sois fort.
Le Dieu du ciel t'appelle à lui...

Ensemble

JEAN

Oui, je le veux, il en est temps encor
Et trop longtemps rebelle
Changeons enfin mon sort !
Le Dieu du ciel m'appelle
Et bientôt du Seigneur
Le pardon céleste
Descendra sur moi.

FIDÈS

Il en est temps, il en est temps encor
Sois à l'honneur fidèle !

Sois courageux, sois fort,
Le Dieu du ciel t'appelle
Et bientôt du Seigneur
Le pardon céleste
Descendra sur toi.

SCÈNE IV

BERTHE, FIDÈS, JEAN. *Berthe tenant un flambeau à la main entre par la porte à droite qui donne sur la campagne.*

BERTHE
Voici le souterrain... et la dalle de pierre !
JEAN
O ciel !
FIDÈS, *courant à Berthe.*
Berthe !
BERTHE
Fidès !
FIDÈS
Ici que viens-tu faire ?
BERTHE
Par mon aïeul, gardien du palais de Munster,
Je savais les amas de salpêtre et de fer
Cachés dans ce caveau ; cette flamme propice
Peut en quelques instants embraser l'édifice.
(*Avec exaltation.*)
Ce prophète et les siens et moi-même avec eux !
FIDÈS, *à Jean.*
Que dit-elle ? Grand Dieu !
Mon fils !
BERTHE, *apercevant Jean.*
Ah ! qu'ai-je vu ?

Mon bien-aimé, c'est toi qui m'es rendu!

FIDÈS

Parlez bas!

Trio

BERTHE

Combien ma douleur fut amère,
Mon bien-aimé, mon bien-aimé,
Je t'ai cru tombé sous les coups
De ce prophète sanguinaire,
Ce monstre en horreur à la terre.

FIDÈS

O Berthe!

BERTHE

Aux enfers destiné!

FIDÈS

Ah! que dis-tu!

JEAN, *à voix basse à sa mère.*

De grâce, taisez-vous!
Pitié! Ne me trahissez pas.

FIDÈS, *à Berthe.*

Ah! ne maudis personne :
J'ai retrouvé mon fils, la haine m'abandonne!
Allons! partons!

BERTHE

Oui, partons.

Ensemble

Loin de la ville,
Qu'un humble asile,
Qu'un sort tranquille,
Qu'un sort heureux
Comble nos vœux.

Douce retraite
Sombre et discrète
Qui nous permette
De vivre heureux,
Comble nos vœux.

Allons, viens et partons
Pour un humble séjour,
Où nous vivrons heureux.
(*Un officier, suivi de plusieurs soldats, descend
précipitamment à gauche.*)

UN OFFICIER
On t'a trahi !
Par ruse, en ce palais, s'est glissé l'ennemi !
Ils veulent t'immoler au milieu de la fête
De ton couronnement. Viens les punir, Prophète !

BERTHE, *avec un cri d'épouvante,*
Prophète !

JEAN *et* FIDÈS
Grâce ! Grâce !

BERTHE
Non ! va !

(*Avec explosion.*)

O spectre épouvantable !
O terre, entr'ouvre-toi.
Fuis, que ta main coupable
N'approche pas de moi !

Ton sceptre fut un glaive,
Tes droits sont des forfaits
Et le sang qui s'élève
Nous sépare à jamais.

FIDÈS

Viens, partons, il faut nous presser !

JEAN

Non ! je reste à présent ; à la mort je me livre !
Berthe sait mes forfaits, qu'ai-je besoin de vivre ?
(*D'une voix plaintive.*)
Berthe m'avait maudit, Dieu devait l'exaucer.

Tourment épouvantable,
O terre, entr'ouvre-toi !
Plus de grâce au coupable,
Plus de pitié pour moi !

Ensemble

BERTHE

Ton sceptre fut un glaive,
Tes droits sont des forfaits
Et le sang qui s'élève
Nous sépare à jamais.

JEAN

Mon sceptre fut un glaive
Mes droits sont des forfaits
Et le sang qui s'élève
Nous sépare à jamais.

FIDÈS

Son sceptre fut un glaive
Ses droits sont des forfaits
Et le sang qui s'élève
Les sépare à jamais.

BERTHE

Je t'aimais, toi que je maudis,
Je t'aime encor peut-être, et m'en punis !

JEAN, FIDÈS

Ah ! morte !

JEAN, faisant signe aux soldats d'emmener Fidès.

Veillez sur ma mère.

Moi, je reste en ces lieux pour punir les coupables !

FIDÈS, que les soldats entraînent.

Mon fils ! mon fils ! mon fils !

JEAN, silence pendant lequel Jean regarde si Fidès
est assez éloignée.

Et maintenant
Vous qui m'ayez perdu, tous vous serez punis !

(Il remonte vivement la scène.)

Le théâtre représente la grande salle du palais de Munster. Une table placée sur une estrade s'élève au milieu du théâtre. On monte de chaque côté par des degrés. Autour de l'estrade circulent des pages, des valets portant des vins et des corbeilles chargées de fruits. Au fond à droite et à gauche de grandes grilles en fer conduisant en dehors du palais. Jean est assis seul, pâle et triste devant une table couverte de mets où étincellent des vases d'or. De jeunes filles le servent, d'autres dansent autour de la table, pendant que des anabaptistes célèbrent les louanges du Prophète.

SCÈNE V

JEAN

LE CHŒUR

Hourra ! Hourra ! Gloire au Prophète,
A ses élus, transports joyeux.
A nous la terre, plaisirs et fête,
A nous les voluptés des cieux.

LES TROIS ANABAPTISTES

Une heure encore et tombe sa puissance ;
Mais le lion pourrait coûter cher à livrer :
Au sein des voluptés, tâchez de l'enivrer,
   Pour l'enchaîner sans résistance.

   (Jonas, voyant arriver de loin Jean, fait signe de
    recommencer les danses.)

JEAN, *à part et à voix basse, à deux de ses officiers.*

Quand vous verrez entrer nos ennemis,
Que ces grilles d'airain se ferment sur ce gouffre
   D'où vont jaillir le salpêtre et le soufre ;
Puis, hâtez-vous de fuir loin de ces lieux maudits,
   Vous mes seuls, mes derniers amis !

   (Les officiers sortent. Jean se retourne avec un
    air riant vers les convives, invitant du geste les
    jeunes filles à lui présenter la coupe et le vin.
    Danse des jeunes filles, lesquelles, sur un geste
    de Jonas, viennent offrir à genoux à Jean
    une coupe dorée que d'autres femmes se hâtent
    de remplir. La danse cesse.)

JEAN, *avec force et une gaîté sauvage.*

Versez ! que tout respire
L'ivresse et le délire,
Que tout cède à l'empire
De ce nectar brûlant !
O la céleste fête,
Triomphe si brillant !
Compagnons du prophète,
La récompense vous attend !

(Les danses recommencent.)

LE CHŒUR

Vive le Prophète !
(*Les danses cessent.*)

JEAN

Versez ! que tout respire
L'ivresse et le délire,
Que résonne la lyre
Et...
(*Dans ce moment les portes s'ouvrent avec fracas.
Oberthal, à la tête des troupes impériales,
s'élance dans la salle.*)

SCÈNE VI

JEAN, JONAS, OBERTHAL, MATHISEN, ZACHARIE

LES TROIS ANABAPTISTES *et* LE CHŒUR

La mort au faux prophète !

JEAN

Que ces portes d'airain soient celles du tombeau,
Qu'on les ferme sur eux !
(*On entend fermer en dehors les grandes grilles
du fond.*)

JONAS

Le tyran est à nous !

JEAN

A Dieu seul j'appartiens

OBERTHAL

Il est en mon pouvoir !

JEAN

Vous êtes tous au mien !
(*Bruit souterrain : la fumée se fait jour par le plancher.*)

JEAN, *à Jonas.*

Vous, traîtres !
(*A Oberthal.*)

Vous, tyran, que j'entraîne en ma chute,
Dieu dicta votre arrêt et moi, je l'exécute !
Tous coupables et tous punis !
(*Une grande explosion se fait entendre. Un pan de mur s'écroule au fond du théâtre. En ce moment une femme, les cheveux épars, et le corps sanglant, se fait jour à travers les décombres et vient tomber dans les bras de Jean, qui pousse un cri en reconnaissant sa mère.*)

SCÈNE VII

LES MÊMES, FIDÈS

JEAN

Ah ! ma mère !

FIDÈS

Moi,
Qui viens te pardonner et mourir avec toi !
(*Jean se jette dans les bras de sa mère.*)

Duo

JEAN *et* FIDÈS

Ah! viens, divine flamme,
Vers Dieu qui nous réclame,
Ah! viens porter notre âme,
Libre de ses erreurs.

*(Les chœurs courent en désordre sur le théâtre en
cherchant une issue pour échapper à l'incendie
qui se propage toujours davantage.)*

LE CHŒUR

Le feu gagnant le faîte
Nous ferme la retraite;
Notre mort s'apprête
Et l'enfer nous attend!

JEAN *et* FIDÈS

Ah! viens, divine flamme,
Vers Dieu qui nous réclame,
Porter notre âme au ciel!

*(L'estrade élevée, sur laquelle Jean et sa mère se
tiennent, s'écroule au milieu des flammes qui
pénètrent de toutes parts. Tout s'embrase, le
palais s'écroule. La toile tombe.)*

FIN

E. GREVIN — IMPRIMERIE DE LAGNY